No te mueras con tus muertos

René Juan Trossero

LIBROS
LIGUORI

One Liguori Drive ▼ Liguori, MO 63057-9999

Edición original publicada por Editorial Bonum. Esta edición en español exclusiva para los Estados Unidos y está publicada por Libros Liguori, una marca de Liguori Publications.

Imprimi Potest:
Thomas Picton, C.Ss.R.
Provincial de la Provincia de Denver
Los Redentoristas

ISBN 0-7648-1398-6
Número de la tarjeta de la Biblioteca del Congreso: 2006920288

Propiedad Literaria © 2006, Libros Liguori/Liguori Publications
Impreso en Estados Unidos
06 07 08 09 10   5 4 3 2 1

Todas las citas bíblicas son de la *Biblia de America*, cuarta edición, 1994.

Liguori Publications es una instititución con fines no lucrativos y es un apostolado de los Redentoristas de la Provincia de Denver. Para conocer más acerca de los Redentoristas, visite la página web Redemptorists.com.

Para pedidos, llame al 1-800-325-9521
www.liguori.org

Gracias a Silvia, Aurora y a tantos que,
brindándome la confianza de compartir conmigo
los pesares de sus propios duelos,
me ayudaron a comprender algo
de esta dolorosa experiencia de la persona humana.

A Blanca, Juan Carlos, Nilda y Elena que,
con sus sinceras sugerencias,
colaboraron para mejorar estas páginas.

Gracias a ustedes, mis queridos lectores,
que multiplicaron las ediciones de estas páginas,
y en especial a ustedes,
los que me dieron la alegría de hacerme saber
que mi mensaje los acompañó en el camino del dolor.

Gracias a mi madre,
que enviudó a los veintidos años,
y no eligió la muerte,
para morir con su esposo,
sino la vida para vivir conmigo.

Me acerco a ti, hermano,
para confiarte con amor
lo que pienso para mí mismo.

Con el religioso respeto
con que se ingresa a un templo;
con la cálida ternura
con que se acaricia a un niño;
y con la cuidadosa delicadeza
con que se cura una herida,
me acerco a ti,
hermano que estás de duelo
y sufres el desgarrón de la despedida,
provocado por la muerte,
para entregarte estas simples palabras.

Algunas te servirán de alivio y de consuelo,
otras te irritarán, ¡seguramente!,
porque no dicen lo que tú sientes ahora.
No te impacientes;
aceptalas como indicadoras de un camino,
que hay que recorrer con tiempo,
y no como preceptoras de un deber
que ya debieras haber cumplido.

Si algo te choca hoy,
déjalo,
y tal vez lo leas mejor mañana.
Estas palabras mías no te dirán lo mismo
en los comienzos, en el medio o al final
del largo camino de tu duelo.

Tú tienes por delante
un camino largo y doloroso,
y el presentarte la meta
no es para impacientarte,
ni para reprocharte por no haber llegado,
sino para alentarte a seguir andando.
Tú caminas por tu desierto
y el sol y las arenas enardecen tu sed;
si yo te hablo de un oasis
no es para culparte
por no haberlo alcanzado,
sino para alentar tus pasos.
¡Tal vez concluyas tu duelo
cuando estemos de acuerdo,
y hayas encontrado el oasis…!

*Junto con lo escrito, estas páginas tienen
espacios en blanco.
Riégalos ecribiendo con tus lágrimas,
llénalos escribiendo lo tuyo,
lo que pienses y lo que sientas,
tus protestas, tu dolor,
tus enojos y tus rebeldías...;
y, in su momento,
también tu aceptación y tu alegería.*

Acepta que ante la muerte,
quedas desconcertado como un niño.

Amigo:
tu propia muerte te asusta,
y la muerte de tus seres queridos te duele.
No voy a escribir una sola palabra
para superar tu miedo
o suprimir tu dolor,
porque no tengo esa palabra mágica.
Tú verás cómo enfrentar tu propia muerte.
Yo sólo quisiera compartir contigo
algunas cosas simples,
para que te duelas sanamente
y hagas tu dolor más llevadero,
ante la muerte de los tuyos.
Y eso es todo.

Que te duelas, dije, sanamente,
a causa de tus muertos,
que te deprimas un tanto
y un tiempo,
pero no que no puedas vivir,
que te dejes morir
porque murió tu madre,
tu padre o tu hermano,
tu esposo o tu esposa,
tu hijo o tu amigo…
Yo quisiera ayudarte,
si me es posible
y si tú quieres,
a que sufras sanamente,
para seguir viviendo;
porque he visto a muchos
MORIRSE CON SUS MUERTOS.

Tus muertos ya murieron,
y en tu mente ya lo sabes,
pero tu corazón necesita tiempo
para saber y aceptar que ya partieron,
por eso tu dolor resurge como nuevo,
ante esa mesa familiar
donde un lugar quedó vacío,
en esa Navidad donde alguien falta,
en ese nacimiento sin abuelo,
en ese año nuevo en que se brinda
y alguien ya no levanta la copa...

Así es el corazón humano:
siempre vive de a poco
lo que la razón sabe de golpe.
¡Para la mente
los muertos mueren una vez;
para el corazón
mueren muchas veces...!

*Enciende la lámpara
de la esperanza y
alégrate como un niño.*

Tus muertos resucitarán "para ti",
cuando hayas aceptado
que "murieron para ti";
sólo los recuperas en su regreso,
cuando aceptaste su partida.
¡No es posible la alegría del reencuentro,
sin sufrir el dolor de la despedida!

No te mueras
con tus muertos;
llora la siembra de ayer
con la esperanza puesta
en la cosecha de mañana.

Acepta que la muerte
de tus seres queridos
te despierta mucha rabia,
aunque no sepas por qué
y aunque no quieras sentirla.
Tu resistencia ante la muerte
te hace rebelarte,
aunque no sepas del todo
contra quién hacerlo…
¿Contra Dios…?
¿Contra tus muertos…
porque te abandonaron?
¿Contra…?

No te mueras
con tus muertos;
déjalos dormir su tiempo
como duerme la oruga
en la crisálida,
esperando la primavera
para hacerse mariposa.

Dios no es menos Dios,
más justo o más injusto,
más bueno o más malo,
cuando naces que cuando mueres.
O crees en El siempre,
o no crees nunca;
pero una cosa es creer en El
y otra es creer en tus explicaciones.
¡Ante la muerte
se acaban tus explicaciones!

No te tortures
sintiéndote culpable ante tus muertos.
¡Los muertos no cobran deudas!
¡Además, si hoy resucitaran,
volverías a ser con ellos como fuiste!
¿O no sabías con certeza
que un día iban a morir?

No te mueras
con tus muertos;
muéstrales más bien,
que como el árbol
podado en el invierno,
lejos de morirte,
retoñas vistiendo tu desnudez
devolviendo frutos por heridas.

Acepta la realidad
y date cuenta de que
tus muertos te plantean
un serio desafio:
el de tener una respuesta
para el sentido de tu vida,
porque mientras no sabes
para qué murieron ellos,
tampoco sabes para qué vives tú.
¿O no piensas morir?

*Que las flores que te acompañaron
en el dolor, te ayuden a recuperar
tu alegría y tu esperanza.*

Ante tus muertos queridos
tu corazón tiene mil interrogantes
y tu razón, ninguna respuesta.
Lo resolverás mejor,
cuando preguntes menos
y aceptes más.

Las flores que regalas a tus muertos
hablan de la vida y la esperanza.
También en tu corazón
duermen la vida y la esperanza,
esperando que tú las despiertes
para seguir viviendo esperanzado.

No te mueras
con tus muertos;
míralos marchar
por su camino,
hacia la meta,
y aprende la lección
que ellos te dejan,
diciendo
que tu andar de peregrino,
también tiene un final,
al que te acercas…

Más que con la frialdad
de los mármoles,
más que con suntuosos monumentos
y grandilocuentes discursos,
honra a tus muertos
con una vida digna.
¡Piensa qué esperas de los otros para ti
cuando hayas muerto!

Aprende de tus muertos
una lección para la vida:
es mejor amar a los tuyos
mientras viven,
que quitarte culpas
por no haberlos amado,
cuando ya se fueron.

No te mueras
con muertos,
despídelos
como despides
las aguas del río
que van al mar,
sabiendo que volverán mañana,
hechas nubes,
y serán lluvia
sobre tu rostro.

Así como los cirios encendidos
 se queman y derriten,
dando luz y calor
en la despedida de tus muertos,
que tu corazón no se derrita en vano,
quemándose en el fuego del dolor,
sino que arda en las llamas del amor
y en la luz de la esperanza.

No te mueras
con tus muertos,
vive este invierno
de dolor,
que te desnuda
como quitándote la vida;
pero, recuerda
que la savia duerme
para retoñar
y florecer en primavera.

Parte del dolor que te golpea,
cuando despides a tus muertos,
se debe a la pregunta
que golpea en tu interior,
interrogando por el sentido de la vida.
Si respondes de verdad,
sincera y frontalmente,
gracias a la muerte de tus muertos
tú vivirás más plena y auténticamente.

Deja que los vientos del dolor,
saquen de tu corazón
las aguas de tus lágrimas…

¿Sabes que,
cuando lloras a tus muertos,
lloras por ti y no por ellos?
Lloras porque los perdiste,
porque no los tienes a tu lado.
Porque
si todo concluye con la muerte,
tus muertos ya no están,
ni siquiera para sufrir por haber muerto;
y si la vida continúa,
más allá de la muerte,
¿por qué apenarte por tus muertos?

Cuando hayas terminado de aceptar
que tus muertos se murieron,
dejarás de llorarlos
y los recuperarás en el recuerdo,
para que te sigan acompañando
con la alegría de todo lo vivido…

No te mueras
con tus muertos,
recuerda
que donde ardió el fuego
del amor y de la vida,
debajo de las cenizas
muertas,
quedan las brasas
esperando el soplo,
para hacerse llamas.

Si dices que, sin tus muertos,
tú no puedes seguir viviendo,
no digas
que es porque los amabas tanto,
sino por cuanto los necesitabas,
(y no es lo mismo amar que necesitar).
Si lo aceptas así,
tal vez descubras, para tu crecimiento,
que toda tu vida consiste en ser tu vida…
¡y no en la de los otros!
No frenes tus lágrimas cuando llegan,
ni fuerces el llanto cuando se alejan.
No dejes de llorar
porque alguien lo reprueba,
ni te obligues a llorar porque si no:
"¿Qué dirán los otros?"
Respeta tu dolor
y tu manera de expresarlo.

No te mueras
con tus muertos;
déjalos partir,
como parten
las golondrinas en otoño,
para anidar
en otros climas
y volver más numerosas
y crecidas,
en otra primavera.

Las lágrimas que ocultas,
el dolor que escondes
y la protesta que callas,
no desaparecen:
quedan al acecho del momento
en el que puedan estallar.
Y es mejor que lo vivas todo
a su tiempo y en su hora.

Es común que las personas
guarden buena cantidad de culpas
para reprocharse ante sus muertos.
¡No lo hagas contigo!
Tus muertos no ganan nada
con tus insomnios de remordimientos.
Amalos ahora;
recuérdalos con amor.

*Aprende a mirar la muerte
como otro nacimiento
para otra etapa de la vida…*

Tú y yo
sólo vemos una cara de la muerte,
la del otro lado se nos escapa.
Si desde el seno de tu madre
hubieras visto nacer un hermano,
creo que lo hubieras llorado
como muerto,
hasta nacer tú y reencontrarlo.
¿Qué sentirías
si miraras la muerte
como otro nacimiento…?

No te mueras
con tus muertos;
déjalos que vayan
como esa semilla
que se lleva el viento,
no por el capricho
de llevarla,
sino para sembrarla
en algún lado,
aunque
tú no sepas dónde.

No te castigues,
encaprichada y resentidamente,
prohibiéndote gozar de la vida
porque perdiste un ser querido.
Tu tristeza te destruye a ti,
sin beneficiar a tus muertos.
Y, cuando ellos partieron,
no se llevaron consigo tu derecho
a gozar de la alegría de la vida.

Tus muertos tenían sus falencias;
no sigas culpándolos
por tantas cosas…
¡Los muertos no pagan deudas!
Perdónalos, si es necesario hacerlo,
dejándolos en paz a ellos
y liberándote tú,
para vivir tu vida.

*El cementerio no es un desierto
sin vida, es un campo sembrado
con esperanzas…*

Tus muertos
no están en el cementerio.
Nunca estuvieron ahí,
salvo cuando estaban vivos.
¿Me preguntas dónde están…?
Y no puedo responder por ti.
Yo sé dónde están "para mí" los míos;
pregúntate a ti mismo
dónde crees que están "para ti"
los tuyos.

El cementerio es como un surco
donde se arrojan las semillas.
Ningún sembrador
vuelve a remover la tierra
para buscar las semillas ya sembradas;
regresa al campo
a la hora de cosechar espigas…

No te mueras
con tus muertos;
¡diles adiós!,
esperanzado,
como despides el sol
en el ocaso,
la luna y las estrellas
en la aurora,
sabiendo que a su turno
y a su hora,
todos volverán
hacia tu encuentro.

Estos días de dolor profundo,
grises de tristeza,
de soledad y de silencio,
son como el tiempo del invierno
para las plantas…
Pero confia en la vida,
¡que es siempre
más fuerte que la muerte!,
para que retoñe tu alegría
y florezcan tus ganas de vivir.

*Así como te alegra la belleza
de las flores, deja que la alegría de
los otros te alivie de tus penas…*

No te rebeles frente a la alegría ajena.
No pretendas que todos
se mueran con tus muertos;
que cada uno lleva su peso
con llorar los suyos.
Y es mejor para ti
que te contagien su alegría
y sus ganas de vivir,
y no que se hundan contigo
en el pozo de tu pena.

No te mueras
con tus muertos;
llévalos vivos en tu amor
vive con ellos en tus recuerdos.
¡Sería triste y penoso
que tú te dejaras morir
y ellos
siguieran viviendo…!

Mientras esperas
que tus muertos regresen
como si no hubieran muerto,
les impides volver de otra manera,
a ocupar un lugar
en tu corazón y en tu recuerdo.
Es una ley de la vida:
no se goza el despertar de la aurora
sin pasar por la muerte del ocaso.

*No te ates con el dolor a tu pasado.
Camina con la luz de la esperanza
hacia el futuro…¡Hasta el final!*

Tus muertos se van por una puerta,
que tú no puedes trasponer,
¡ahora!,
porque se cerró tras ellos.
¡No los esperes ahí...!
Despídelos,
para que puedas correr,
y espéralos llegar por otra puerta,
¡al final
de tu duelo!

Si buscas un camino
para reencontrarte con tus muertos,
no lo busques, llorando, en tu pasado;
búscalo más bien, esperanzado,
andando, hacia el futuro.

Como el árbol, hunde tus raíces
en la tierra de tu dolor,
para levantar hacia el cielo
las ramas de tu esperanza.

¡Deja de culparte!
Que si le hubiera dicho…
Que si le hubiera hecho…
Que si hubiera sabido…
Que si…
¡Todas torturas, inútiles para ellos
y crueles para contigo!
Además, "si hubiera sido así",
"si hubieras hecho eso…",
hoy te reprocharías
por no haber hecho lo contrario.
¡Acepta la muerte, y punto!

*La luz de la fe puede alumbrar
tu camino, para que veas
más allá de la muerte…*

Si desde la fe cristiana te interesa escuchar la Palabra de tu Maestro, para iluminar el camino de tu duelo:

Dijo Jesús de Nazaret:

"Yo soy la resurrección y la vida.
El que cree en mí, aunque haya muerto, vivirá".

Jn 11,25

¿Puedes creer que tus muertos viven?

"Yo les aseguro que si el grano de trigo que cae en la tierra no muere, queda infecundo; pero si muere dará fruto abundante".

Jn 12,24

¿Puedes creer, que después de la muerte, se puede vivir más intensamente que antes?

"Al llegar Jesús a casa del personaje y ver a los que tocaban música fúnebre y a los que lloraban, dijo: 'Váyanse de aquí, que la niña no ha muerto; está dormida'".

Mᴛ 9,23-24

¿Puedes creer que la muerte es como un sueño, del que se despierta a una Vida Nueva?

"Jesús le respondió: 'Deja que los muertos entierren a sus muertos; tú ve a anunciar el reino de Dios'".

Lᴄ 9,60

¿Puedes despedirte de tus muertos y continuar tu vida por un camino de esperanza?

"Les aseguro que está llegando la hora, mejor aún, ha llegado ya, en que los muertos oirán la voz del Hijo de Dios; y todos los que la oigan, vivirán".

Jn 5,25

¿Puedes creer que los muertos oyeran una voz, que los llamó a la vida?

"En cambio, el que beba del agua que yo quiero darle, nunca más volverá a tener sed. Porque el agua que yo quiero darle se convertirá en su interior en un manantial que conduce a la vida eterna".

Jn 4,14

¿Puedes creer que la vida que Dios te dio durará para siempre?

"No es un Dios de muertos sino de vivos.
Están muy equivocados".

Mc 12,27

¿Puedes creer que tu Dios es un Dios que da la vida para siempre?

"La voluntad de mi Padre es que todos los que vean al Hijo
y crean en él tengan vida eterna y yo los resucitaré en el
último día".

Jn 6,40

¿Puedes creer que habrá un día último para la historia, y que después seguirás viviendo?

"El que cree en el Hijo, tiene la vida eterna".

Jn 3,36

¿Puedes creer que la vida que tienes durará para siempre?

"Tanto amó Dios al mundo que le dio a su Hijo único, para que todo el que crea en él no perezca, sino que tenga vida eterna".

Jn 3,16

¿Puedes creer que Dios quiere que vivamos para siempre?

"Jesús volvió a hablar a la gente, diciendo: Yo soy la luz del mundo. El que me siga no caminará a oscuras, sino que tendrá la luz de la vida".

Jn 8,12

¿Puedes creer que las sombras de la muerte, serán vencidas por la Luz de la Vida?

*Detrás de la nube, que te oculta
el sol, los rayos te dicen
que el sol no ha muerto.
Detrás del dolor de la despedida,
la luz de la esperanza te dice
que tus muertos viven.*

Para Despedir un Muerto

No te sientas obligado a sentir todo esto en los
comienzos de tu duelo.
Prueba si puedes decirlo y sentirlo.
Lo que parece imposible hoy
lo verás alcanzado mañana.
Respeta tu tiempo y tu ritmo.

Te amé y te amo,
por eso tu partida
me hace sentir tu ausencia
y te recuerdo con dolor y pena.
Acepto tu derecho a partir,
a tu hora
y sin mi consentimiento.
Acepto mi dolor al extrañarte
y este enojo inexplicable,
porque al partir me abandonaste.

Sé que no fui perfecto contigo,
pero fue mi vida,
lo que me fue posible,
por eso quiero despedirte
sin quedarme con culpas del pasado.
Sé que no fuiste perfecto,
pero no te culpo por nada;
fue tu vida,
lo que te fue posible,
y no quiero vivir reprochándote
culpas que ya no sientes.

Te extraño,
y me parece imposible
poder vivir sin tu presencia.
Porque te amé
llegué a necesitarte;
y ahora quiero aprender a amarte
sin necesitar tenerte a mi lado;
quiero que mi amor no muera
sino que madure y crezca.

Y aunque sienta que te necesito,
sé que no te necesito
porque mi vida tiene su autonomía
y su propia consistencia,
tan claramente como sé que viví
antes de conocerte
y que podré vivir cuando ya no te tengo.
Si decidiste partir
aquí estoy para despedirte.
Nada ganaría con empecinarme
en creer que no te fuiste.
Me siento con derecho
¡ y con obligación! de seguir mi vida.
No quiero morir contigo,
porque tú no ganarías nada,
y no te mostraría con eso
el amor que te he tenido
sino cuánto te he necesitado.

Hoy te lloro triste y apenado,
angustiado y deprimido,

¡y me lo permito así,
porque así lo siento!,
pero, y aunque me cuesta decírtelo,
sé que mañana, muy pronto,
volveré a vivir el gozo de la vida,
llevando conmigo tu recuerdo
y también tu compañía…

Mientras te digo todo esto,
me parece imposible que te hayas ido
y busco inútilmente explicaciones.
Mejor, acepto la realidad,
y te despido.

Oracion

Cada uno se comunica con "su Dios", "a su manera".
Si estas palabras no te sirven, busca las tuyas.

Dios,
Tú no eres Dios
si no eres el Dios de Amor
y de la Vida.
Entonces iba a decirte
que no creo en ti;
que no creo que eres el Amor,
porque murió…;
que no creo que eres la Vida,
porque murió…;

Pero, más bien te digo
que creo como nunca,
que creo en ti y te creo a ti,
solamente,
oscuramente,
desnudamente,
porque me siento impotente,
sin ninguna explicación
ante la muerte.
Por eso te confieso
que me duele en el alma
la muerte de….
Siento dolor y rabia,
angustia, impotencia y rebeldía.
¡Me siento
una criatura acorralada!
Y finalmente,
acepto la muerte de….
aunque no comprendo nada.

Creo en ti,
Dios del Amor y de la Vida,
porque necesito que la muerte
tenga alguna explicación
y algún sentido,
y quiero pensar que tú lo sabes,
aunque yo lo ignore,
y espero que mis muertos vivan,
aunque yo no sepa
cómo ni dónde...

Si este libro fue de su ayuda, no deje de leer
Vive con tus muertos que viven.